AF356666

L'ABBÉ

LOUIS GLATH

MONTBÉLIARD, IMP. PAUL HOFFMANN

1879

Qu'il me soit permis de consacrer quelques mots à la mémoire d'un compatriote,
d'un condisciple, d'un collègue, et surtout
d'un ami.

L'abbé Glath et moi, nous avons été
rapprochés l'un de l'autre dès notre première jeunesse ; élevés pendant quelque
temps dans le même collège, nous sommes
entrés ensemble au grand séminaire de
Strasbourg ; et là, dans cette atmosphère
de recueillement et de piété, si propre au
développement des plus tendres comme
des plus nobles sentiments, notre amitié
s'est consolidée, pour s'épanouir plus tard
au collège libre du Haut-Rhin. Depuis
sept ans surtout, j'ai vécu de sa vie, et,
plus que jamais, j'ai pu apprécier la générosité de ses pensées, la beauté de son
caractère, la noblesse de ses aspirations.

Ces rapports si longs et si intimes me

donnent peut-être le droit d'en parler un peu, comme ils m'imposent le devoir de le pleurer toujours.

L'histoire de l'abbé Glath est plus courte encore que sa trop courte vie : c'est celle de la fleur qui s'épanouit le matin, embaume pendant quelques heures l'air qui l'environne, pour tomber dans tout son éclat sous la faux du moissonneur ; c'est celle de l'oiseau harmonieux, qui traverse le ciel d'un vol rapide, jetant dans l'espace son chant d'allégresse, qui charme et ravit en passant ceux qui l'entendent.

L'abbé Glath naquit à Haguenau le 27 août 1850, d'une de ces pieuses et anciennes familles, qui sont l'honneur de notre catholique cité. Dieu l'avait choisi, lui le premier-né de la famille, et il semble qu'il se soit plu à embellir son intelligence, à orner son cœur, à sanctifier son âme, pour en faire le guide et le modèle du frère et de la sœur qui devaient naître après lui. Il devint en effet pour eux ce qu'il demandait à Dieu, d'être pour les âmes qu'on pourrait un jour lui confier ; on le vit : « voler à leur tête et leur montrer le sillon qui conduit au ciel, comme cet oiseau d'automne qui, étant le plus fort, vole le premier de ses compagnons, pour leur ouvrir un chemin à travers les airs. »

Il fit toutes ses études au collége communal de Haguenau. Loin de moi toute parole, qui pourrait sembler un reproche adressé à notre ancien collége. La reconnaissance suffirait pour me l'interdire. Mais on me permettra, cependant, de faire remarquer ce qu'il y a de beau dans cette vocation sacerdotale, éclose dans un milieu plus mondain que religieux. C'est que l'abbé Glath trouvait dans la piété de sa famille un puissant contrepoids aux influences moins pures qu'il rencontrait au dehors. Eclairé par l'âme si profondément chrétienne de son père, inspiré par la pieuse tendresse de sa mère, il sut résister aux attraits séducteurs du monde, et conserver toute la vivacité de sa foi. A l'heure où son intelligence cultivée, son âme artistique, pouvait lui faire rêver dans le monde un avenir de gloire et de bonheur ; à l'heure où, selon l'expression d'un grand orateur moderne, « la beauté de l'homme avait en lui tout son éclat, sans avoir aucune souillure » l'abbé Glath fit à Dieu le sacrifice complet de sa jeunesse, de ses talents et de sa vie.

Le 28 novembre 1866, quatre jeunes gens quittaient ensemble Haguenau pour entrer au grand séminaire de Strasbourg. Onze ans ne se sont pas encore passés, et déjà deux d'entre eux sont descendus dans la tombe. Celui que la main de Dieu a touché le premier, l'abbé Adolphe Fritz, s'endormit dans le Seigneur, avant d'avoir vu exaucé le plus ardent de ses vœux, avant d'avoir gravi l'autel de sa première messe.

Une vie nouvelle s'ouvrait désormais pour l'abbé Glath, vie cachée et inconnue, vie de recueillement et de prières, vie de travail intellectuel et de transformation intérieure. Pourquoi ne m'est-il pas donné de citer en détail ces notes touchantes, où le jeune séminariste épanchait ses sentiments intimes ! On verrait quel fond de pensées graves, de sérieuse piété se cachait sous des apparences d'abandon, qui étonnaient au premier abord, mais qu'on pardonnait volontiers, quand on avait pu sonder la générosité de son cœur et l'ardeur candide de ses convictions.

Rien de plus élevé que l'idée qu'il se

formait du prêtre selon le cœur de Dieu.
On l'entend à chaque instant éclater en
humbles aveux, en amers regrets, à la
pensée de cet idéal, dont il se sentait encore si loin. Sans cesse il renouvelle ses
résolutions généreuses, redouble d'efforts,
multiplie ses appels à la grâce, pour se
rapprocher de cette perfection, qu'il pour-
suivait avec une ardente impatience.

Il comptait surtout sur l'appui de Marie,
à laquelle il s'était donné sans réserve.
« C'est avec largesse, s'écrie-t-il un jour,
que j'ai consacré aujourd'hui tous les
moyens dont je dispose, à l'honneur de
la bonne Vierge. » Et il ajoute avec hu-
milité : « Combien c'est peu, combien ce
n'est rien, que cette filiale offrande d'une
âme qui vous doit tant, ô ma divine
Mère ! »

Les fonctions de catéchiste lui permi-
rent bientôt de montrer tout le zèle qu'il
avait pour la gloire de Dieu, sa sollicitude
pour l'enfance chrétienne. « Quelle jouis-
sance pour moi d'être entouré de ce petit
monde d'innocence et de candeur !....
Quelle belle mission pour commencer
encore si jeune mon apostolat !.... Mon
Dieu, rendez-moi semblable à ces enfants,

afin que je vous comprenne et que je
puisse vous faire comprendre d'eux !.....
Que mon heure de catéchisme a passé
vite aujourd'hui ! Quel intérêt, quelles
délices au milieu de ces jeunes innocents!»

C'est ainsi qu'il se préparait au sacrifice que Dieu attendait de lui. A la veille
d'être ordonné sous-diacre, il dit : « Il y
a longtemps que je soupire après ce grand
acte de ma vie, l'abandon de tout mon
être à Dieu. » Il lui offre tout, jusqu'à ses
affections si vives et qui semblaient si légi-
times pour sa famille. « Demain mes parents ne seront plus pour moi ce qu'ils
étaient depuis ma naissance ; mon père,
ma mère, mon frère, ma sœur, je ne vous
aimerai plus qu'en Dieu ! » Mais aussi
quelle allégresse, au moment de faire le
pas, qui devait le lier pour toujours au
royal service de son Dieu. « O mon Dieu,
je veux mourir en vous, m'abîmer en
vous, me perdre en vous, que je suis heureux ! O bonheur vrai, et le seul vrai ici-
bas ! Obéissance ! chasteté ! prière ! »

Une passion qui semblait grandir et se
développer chaque jour, l'entraînait vers
le culte des beaux-arts. Il s'en effrayait
parfois. Il craignait que cet attrait ne l'éloi-

gnât d'études plus sérieuses et plus directement en rapport avec sa vocation. Peu de jours après son appel aux ordres sacrés, il écrivait : « La maladie me gagne de nouveau, musique et rien que cela. » Mais comment ne pas trouver ce scrupule exagéré, quand on lit ces paroles, qui expriment si bien le fond de son cœur ? « Pour moi une journée n'est belle et parfaite, que quand je puis m'élever vers Dieu sur les ailes de la mélodie..... Mon cœur souvent si sec dans la prière de l'âme, déborde en torrents d'harmonie ; quand je puis envoyer à Dieu les sons de ma voix, qui est l'expression de mes sentiments.. Tout pour vous, mon Dieu, ma voix, mes faibles talents. » Et après le premier solo qu'il chanta au séminaire, il écrit encore : « Pourvu que j'aie réussi à toucher les cœurs, c'est tout ce que je demande à Dieu. »

Entré bien jeune au séminaire, l'abbé Glath termina ses études théologiques avant d'avoir atteint l'âge demandé par l'Église pour l'ordination sacerdotale. Pendant qu'il hésitait sur l'emploi des loisirs que lui donnait sa jeunesse, un heureux hasard fixa ses incertitudes. M.

l'abbé Martin, directeur du collége libre
de Colmar, vint en ce moment à Haguenau
conduire à l'autel un de ses anciens élèves.
Il entendit la voix mélodieuse de l'abbé
Glath, et, toujours désireux de s'entourer
d'hommes de talents, il s'empressa de faire
des ouvertures qui furent aussitôt ac-
ceptées.

L'abbé Glath entra au collège libre de
Colmar avec les modestes fonctions de
surveillant, heureux de se trouver au milieu d'enfants, comme il avait été heureux
quelques mois auparavant de consacrer
aux enfants de son catéchisme les prémices
de son ministère. L'année suivante, il reçut
une mission plus conforme encore à ses
goûts ; il fut chargé des cours de musique
et de dessin, lorsque le collège de Colmar
se vit transporté à Lachapelle.

Aux funérailles du P. Lacordaire, on
entendit une pauvre villageoise dire dans
son naïf langage : « Nous avions un roi
et nous l'avons perdu ! » Le 19 juillet,
lorsque se répandit en même temps à
Haguenau et à Lachapelle la triste nouvelle de la mort de l'abbé Glath, de cen-
taines de poitrines sortit ce cri plus tou-
chant encore : « Nous avions un ami et

nous l'avons perdu ! » Aimer et être aimé, telle a été la vie de l'abbé Glath.

Mais une affection dominait ici-bas chez lui toutes les autres affections ; la piété filiale est un des traits les plus saillants de sa vie. « Pour moi, écrivit-il un jour, le bonheur, c'est la famille, c'est le foyer.» Aussi quelle fidélité, quel empressement à rejoindre les siens. Il ne demandait pas aux vacances des distractions lointaines, des voyages pittoresques, des plaisirs extraordinaires. Je lui laisse la parole : « Passer une heure au piano, frapper des accords, fredonner des airs, travailler un peu....., chanter, mon frère, ma sœur et moi, tout cela vaut bien pour moi une journée d'excursion. » L'esprit de famille, l'amour du sol natal respiraient souvent dans ses conversations. Son esprit se transportait volontiers dans son cher Haguenau. Le jour des Morts il émet ce souhait : « Que j'aurais aimé à être aujourd'hui chez moi pour prier en famille sur les tombes de ceux qui nous furent chers.» A Noël : « Hier soir ma pensée était en famille ; je les voyais tous veillant jusqu'à minuit pour aller à la messe, toujours si belle, si touchante, à cette heure de la nuit. »

Sans cesse reviennent dans ses notes les noms vénérés de son père et de sa mère avec les épithètes les plus douces, les plus affectueuses. je dirai presque, les plus enfantines. Il chérissait sa sœur : « Je mets tant de consolation en elle !..... Une sœur n'est-elle pas un ange sur la terre ? Qu'elle le soit par sa piété, par la beauté de son âme, par la candeur de son innocence ! » La pensée de son frère le poursuit partout ; comme il souffre avec lui de le voir au loin isolé, comme il jouit de son bonheur. lorsque ce frère peut rester quelques instants au milieu des siens ! « O que je suis heureux de le savoir rentré pour passer l'hiver au sein de sa famille, se reposer un peu de ses fatigues aux côtés de notre mère bien-aimée ! » Un autre nom se présentait souvent encore sous sa plume et sur ses lèvres, le nom de celle qui a été l'ange gardien des premiers mois de sa maladie. de celle qui du fond de son cœur offrit à Dieu le sacrifice de sa vie pour prolonger des jours si précieux. Enfin il y a quelques mois. la naissance d'un neveu réalisait le comble de ses désirs. Lisez ce rêve d'avenir : « Je vois déjà ma sœur et mon frère entourés d'une petite famille, dont je serai le directeur, le conseiller, l'ami. » Pauvre enfant, qui ignore encore la perte que tu viens de faire, c'est du haut du ciel que cet oncle curé (comme il aimait à s'appeler) te dirigera, te conseillera, t'aimera.

Mais le cœur de l'abbé Glath est assez large pour étendre ses affections au-delà du cercle de la famille. Le directeur du collège libre du Haut-Rhin a pu dire sur sa tombe : « Je n'ai jamais connu un ami qui se donnât à ses amis avec un abandon plus complet, une amabilité plus délicieuse, une cordialité plus franche, un dévoûment plus entier et plus généreux. » C'était un ami ! il aimait avec toute la délicatesse qui fait le charme de ce noble sentiment ; il aimait avec cette générosité, qui ne sait pas reculer devant une fatigue, qui a su trop peu, hélas ! calculer ses forces, lorsqu'il s'agissait de faire plaisir ; il aimait avec cette bonté parfaite, qui était le fond de son caractère et qui lui a toujours ouvert le chemin des cœurs. Trop souvent les amitiés des hommes ne réunissent que des personnes du même âge.

Plus heureux, l'abbé Glath trouva des amis dans tous ceux qui l'approchaient, tant son commerce avait de grâce et de charme. On a pu voir les larmes de maîtres vénérés s'unir sur sa tombe, dans un commun regret, aux pleurs de jeunes gens, je dirais presque d'enfants, ses anciens élèves.

Pour sentir ce qu'il inspirait à la jeunesse qu'il dirigeait, il suffit de se rappeler le témoignage que lui rendit son affectueux directeur : « Nature artistique par excellence, il avait à un haut degré le culte du beau, parce qu'il en avait le sentiment, et c'est pourquoi il savait communiquer à ses élèves l'enthousiasme dont il était lui-même animé. » Comment faire comprendre l'amour profond, le culte du beau qui transportait l'abbé Glath ! Il me faudrait ici la langue de Raphaël ou de Mozart, pour exprimer la vivacité de ses sentiments artistiques. Il me faudrait la plume d'un critique d'art, pour parler de la majestueuse étendue de sa voix, de l'émotion qu'il mettait dans son chant, du jeu vibrant et délicat de son violon, de la facilité étonnante de son crayon, du coloris vivant de son pinceau.

Dieu avait créé dans son âme l'idéal
d'une beauté pure, chaste, spirituelle, dé-
gagée de toute bassesse, angélique et vraiment divine. Son archet enlevait les cœurs,
sur les ailes de ses pures et austères vibra-
tions, pour les porter jusqu'au trône de
l'Eternelle Beauté ; son crayon aimait à
faire briller à nos yeux la sublime innocence
de la vertu, le céleste éclat de la pudeur.
Parmi les tableaux de l'abbé Glath, celui
pour lequel il a dépensé le plus de talent,
qu'il a travaillé avec le plus d'amour, c'est
la reproduction de la sainte Cécile du Pé-
rugin. Cette œuvre résume toute sa vie
artistique : l'expression par la peinture du
type idéal de la musique et de la sainteté.
Peinture, musique, sainteté, voilà toute
l'âme, tout le cœur de l'abbé Glath.

Pour lui, nous en avons la douce con-
viction, s'est réalisée cette pensée qu'il
aimait tant à nous répéter : « Si un jour,
enivré d'une mélodie puissante, vous avez
désiré que l'accord grandit toujours, et
que le flot harmonieux ne touchât plus ces
rivages...... l'harmonie, c'est Dieu. Si
un jour devant le chef-d'œuvre d'un
Raphaël ou d'un Michel-Ange, vous avez
oublié la terre et ce qui vous entoure pour

vous abîmer dans l'extase de l'admira-
tion...... la beauté, c'est Dieu. »

Sur ses lèvres se retrouvait souvent ce
refrain d'une barcarole bien connue : « la
vie est un voyage, qu'il faut faire en chan-
tant, en priant, en aimant, en luttant. »
Prier, chanter, aimer résument sa vie
d'artiste, de prêtre et de professeur. Mais
il semblait que cette nature si gaie, si ri-
che, si heureuse, ne devait pas connaître
de sitôt les âpretés de la lutte. Dieu en
avait décidé autrement. Pendant sept
mois, couché sur un lit de martyr, l'abbé
Glath a lutté contre la douleur, la maladie
et la mort, avec une force de volonté et
une énergie chrétienne, qui a étonné ceux-
là mêmes qui croyaient le connaître le
mieux. Une parente dévouée, qui lui a
consacré ses jours et ses nuits avec une
héroïque abnégation, une mère qui l'a
soigné comme seules peuvent soigner les
mères, savent combien ses souffrances ont
été cruelles, et avec quelle admirable pa-
tience il les a supportées. Il était prêtre,
et il est mort avec le courage que donnent
la foi, l'espérance et l'amour de Dieu. Son
calme était si grand, sa fermeté si inébran-
lable, qu'on l'attribuait à des illusions bien

naturelles pour son âge, à l'ignorance du danger. Mais non, quelques jours avant sa mort, il déclara à sa mère que depuis longtemps il savait qu'il ne se relèverait plus, et en même temps il m'écrivait ces derniers mots tracés de sa main. « Je n'ai plus d'espoir qu'en Dieu ; lui seul peut me sauver. »

On a dit sur sa tombe qu'il est mort en homme et en chrétien ; je voudrais ajouter qu'il est mort en artiste. Je ne sais vraiment où trouver des expressions pour rendre ce que j'ai éprouvé pendant la longue nuit de son agonie. Jusqu'au dernier moment il a éloigné de son lit funèbre tout ce que la mort peut avoir de repoussant. Il lui a souri jusque dans les dernières angoisses. Jamais un mot de plainte, de regret, de terreur. Je me trompe, quelques instants avant de mourir, il cherchait de ses yeux déjà voilés le visage de sa mère. et il lui échappa cette plainte : « Je ne te vois plus. » Ce furent les dernières paroles de son cœur de fils. Vers minuit, de sa poitrine oppressée il exhala quelques soupirs, mais on eût dit qu'avec ces soupirs il exhalait aussi toute l'harmonie de son âme. Mes oreilles se fermeront peut-être au bruit du monde, avant que je ne perde le souvenir de cette mélodie expirante. Je ne sais ce qu'ont éprouvé les autres témoins de cette scène lugubre, mais pour moi, j'ai entendu ce qu'on pourrait appeler le chant du cygne, tout ce qu'une âme d'artiste a pu déposer dans un dernier soupir.

Ses amis en larmes le couchèrent sur un lit de triomphe, et pendant deux jours encore, il fut donné à la plupart de ceux qui l'avaient aimé, et ils étaient nombreux, la triste consolation de regarder encore un fois ce visage ravagé par la souffrance, mais comme embelli par l'empreinte d'une mort chrétienne.

Lundi matin, un cortège sympathique et ému traversait longuement notre ville. On peut dire que la population entière s'associa à cette grande douleur. Au bord de la tombe M. le chanoine Umhang, directeur du collège libre du Haut-Rhin, retraça en traits éloquents le souvenir d'une carrière trop courte, hélas ! M. l'abbé Ricklin dut dominer sa douleur pour adresser quelques consolations à la famille si cruellement éprouvée de son ami. Un jeune étudiant, ancien élève de l'abbé

Glath, vint enfin déposer sur le cercueil de son professeur un dernier hommage de vénération et de regret.

A mon tour, cher ami, laisse-moi te dire un suprême adieu.

Adieu, au nom de tous mes collègues, qui ont senti si douloureusement le poids austère du devoir, le jour où il les a retenus loin de toi, les empêchant de te donner, en cette triste occasion, le témoignage public de leur profond attachement.

Adieu, au nom de tous nos enfants; l'anxieuse et compatissante sympathie qu'ils ont témoignée pendant ta longue maladie, la douloureuse émotion qu'a jetée parmi eux la nouvelle de ta mort, proclamaient assez haut, qu'en toi ils pleuraient un ami autant qu'un maître.

Adieu, au nom de nos bonnes sœurs, qui ont bien souvent envié au dévouement infatigable de ta famille, la douloureuse satisfaction de soigner tes plaies et de calmer tes douleurs.

Adieu, au nom des parents de nos élèves, de tous les habitants de notre village, au nom de tous ceux qui t'ont connu; car tous ceux qui t'ont connu, t'ont aimé.

Adieu, au nom du collége tout entier, de ces murs, dont ta voix a si souvent réveillé les joyeux échos; de cette chapelle, dont ton talent savait si bien rehausser les saintes cérémonies.

Abbé Georges HIRN.

MONTBÉLIARD, IMP. PAUL HOFFMANN. 390